Le Code de la propriété intellectuelle interdit les copies ou reproductions destinées à une utilisation collective. Toute représentation ou reproduction intégrale ou partielle faite par quelque procédé que ce soit, sans le consentement de l'Auteur ou de ses ayants droit ou ayants cause est illicite et constitue une contrefaçon sanctionnée par les articles L. 335-2 et suivants du Code de la propriété intellectuelle.

Droit de citation — Conformément à l'article L. 122-5 du Code de la propriété intellectuelle, les courtes citations sont autorisées, sous réserve que soient indiqués clairement le nom de l'auteur et la source. La citation doit être brève et intégrée au sein d'une œuvre construite pour illustrer un propos. La citation ne doit pas concurrencer l'ouvrage original, mais doit plutôt inciter le lecteur à se rapporter à celui-ci.

Jean Ier
les cinq jours

Du même auteur :

Le rabot de Louis
Roman

Sous le métro, la plage !
Roman

Sépia
Chansons et poèmes

Au clair de Lune
Roman érotique

Abricotin le lapin
Nouvelles pour jeunes lecteurs

En savoir plus sur l'auteur :

www.thierrybrayer.fr
thb@thierrybrayer.fr

Jean Ier les cinq jours

Autobiographie impossible

Thierry BRAYER

Merci Florence...

Le premier jour

out à coup, je nais.

Le silence régnait depuis quelques mois et j'ai eu peur un instant que l'on me nommât Désiré ! Il n'en est rien. Dès que l'on saura que je suis un garçon, je m'appellerai Jean. Mais tout le monde est déjà au courant tant la nouvelle parcourt vite la France !

Jean, un joli prénom, non ? Ma sœur s'appelle Jeanne. Comme moi, mais ce n'est que ma demi-sœur : c'est plutôt moi qui suis son demi-frère puisqu'elle est née avant moi. Mais il y en a qui disent qu'elle n'est même pas ce demi-bout, qu'elle serait bâtarde parce que sa mère, Marguerite de Bourgogne, l'aurait conçue avec un autre que mon papa.

Tiens, mon papa, au fait ? Où est-il ?

Pour le moment, je ne reconnais que le son de deux voix parmi celles qui semblent me parler : l'une serait d'une Clémence, l'autre d'une Marie : laquelle dois-je appeler maman ? Je tente de faire un geste, mais en vain, aucune ne s'approche !

Peut-être la première qui me donnera son sein gorgé de lait et d'amour pour me soutenir dans ces premières heures sera ma maman ? Pour le moment, je n'ai pas faim, mais soif, soif de vivre !

Il fait nuit, il fait froid, il fait vent. Ce mois de novembre n'augure pas un tiède hiver. Tant pis, je ferai mes premiers pas sous le soleil, je ne suis pas vraiment pressé : j'arrive à peine ! Je retente un mouvement pour qu'on me regarde. Ça y est, on me prend dans des bras ; on me soulève ; on me porte ; on me supporte ; on me transporte : ça y est, je suis Jean ! Quelle bonne nouvelle, mais pour qui ?

Finalement, on me présente ma maman : c'est Clémence, Clémence de Hongrie. C'est quoi la Hongrie ? C'est là d'où viennent les ogres ? Ça commence mal ! Qu'on me rassure ! Vite ! Non, ma maman, elle n'est pas cruelle, elle ne dévore pas les enfants qu'elle fait naître ! Paraît même qu'elle serait reine, reine de France et reine d'un petit pays, la Navarre, tout en bas, près des montagnes de l'Atlantique. Pour le moment, c'est ma reine et je suis son principal sujet, le principal complément de sa vie. Et puis ce n'est pas ogre, mais Hongrie, rien à voir ! Enfin, je le souhaite !

Elle m'embrasse en lâchant quelques larmes, de bonheur, de malheur, de souvenirs...

– Bonjour mon Jean ! Que je suis heureuse que tu m'arrives en pleine forme ! Que tu es beau, tu sais !

Non, je ne sais pas, mais je lui fais confiance !

Jean Ier, les cinq jours

Gisant de Clémence de Hongrie
(Basilique de Saint-Denis)

Jean Ier, les cinq jours

Elle, elle n'a pas eu de chance, elle n'a pas connu ses parents, Charles-Martel d'Anjou et Clémence de Habsbourg, qui sont morts alors qu'elle n'avait que deux ans : c'était en 1295.

C'est déjà loin, car nous sommes en 1316, quelque part, la nuit, entre le samedi 14 et le dimanche 15 novembre.

J'espère ne pas vivre ce qu'elle a vécu, c'est si triste de ne plus avoir ses parents.

D'ailleurs, où est mon papa ?

Il n'y a que des femmes près de moi. Une autre vient d'arriver, de noir revêtue, peut-être la sage-femme quelque peu religieuse — ou le contraire — qui a délivré ma maman de son attente, de mon attente ? Derrière la porte, Hugues de Bouville, qui a été nommé curateur du ventre de ma maman, attend sans bruit et surveille les alentours : bonne nouvelle pour lui, il va pouvoir aller se reposer à présent puisque je suis né ! Mais il n'est pas encore venu me voir dans ma chambre du château du Louvre. Ça ressemble à quoi un homme ?

Et puis, je veux voir mon papa, aussi.

Jean Ier, les cinq jours

Déjà, on me recouche, moi qui viens de passer tant de mois allongé puis recroquevillé ; je n'ai pas envie de dormir, même si respirer me fait mal : ça va passer et puis, je vais en voir d'autres ! Finalement, j'ai faim depuis les quelques heures qui viennent de s'égrener au clocher de la chapelle. Je me précipite sur le premier téton qui passe : celui de ma maman ?

Non, celui de Marie, la fille du seigneur de Carsix, en Normandie, une jeune maman qui vient aussi de mettre à mon monde un petit de son corps, de son âme. Elle a été recrutée pour m'offrir son lait riche et vital. Tiens, pas de papa non plus ? Où est-il, où sont-ils tous, ces papas ?

Marie, elle a un garçon, comme maman ! S'appelle-t-il Jean ? Est-ce ainsi que l'on prénomme tous les bébés quand ils naissent ?

Non, c'est Giannino... Giannino Baglioni, comme son papa, Guccio Baglioni.

C'est joli Giannino, ça me fait penser à Jeanne, ma petite sœur que je ne connais toujours pas. Serai-je bientôt à côté d'elle ?

Je pense — je n'ai que cela à faire — et je tète toujours ma Marie-Maman :

Jean Ier, les cinq jours

Je pense, donc...

Si ma maman est reine, alors mon papa est roi ? De Hongrie aussi ? C'est loin d'ici la Hongrie, mais s'il faut y aller pour le retrouver, je suis prêt ! Et s'ils sont roi et reine, alors je suis un prince ? Quelle belle entrée dans la vie ! Giannino va être jaloux ! Est-ce que ma sœur Jeanne est princesse aussi ? Aie ! Elle risque d'être reine avant que je ne sois roi, car elle a déjà cinq ans ! Il va falloir que je me renseigne, mais j'attendrai demain, car mes yeux pétillent.

Que ce sein est bon et goûteux !

Et je m'endors, pour la première fois de ma vie...

Merci Marie !

Jean Ier, les cinq jours

Le château du Louvre
(*Les Très Riches Heures* du duc de Berry)

Jean Ier, les cinq jours

Le deuxième jour

Marie est encore là, ou déjà là. Je suis aux anges, je suis à moi ! Mais il y a des nouvelles personnes auprès de moi, dont une femme, qui me regarde bizarrement. Et toujours pas mon papa à mon trop court horizon ! Qui est cette femme, elle a un drôle de prénom : Mahaut ! Moi, je préfère Marie ou Clémence comme prénom. On me dit que c'est ma marraine, alors je suis rassuré : une marraine est toujours bonne avec son filleul. Mahaut d'Artois, qu'elle s'appelle : elle est la belle-mère de

Philippe. Ah, enfin, des hommes dans mon Histoire ! Philippe ? C'est le comte de Poitiers. Un comte à présent ? Qu'il est grand ! Il y a vraiment du beau monde céans. C'est même le fils d'un roi, Philippe IV le Bel. Mais il est mort celui-là il y a à peine deux ans ! J'entends dire discrètement que ce Philippe est mon tonton ! Ma famille commence à se préciser ! Mais alors, ce roi mort, c'était mon papi ? J'ai déjà un papi en moins... Et ma mamie ? C'est qui ? Et mon papa, il est où ?

Mon sein préféré se représente à ma bouche : je ne résiste pas ! J'écarquille les yeux et je ne dis mot, mais n'en pense pas moins ! Je suis attiré par les flammes des bougies qui rendent finalement encore plus austère ma pauvre chambre dénudée. Que c'est moche ! Si je pouvais, je changerais tout ! Je mettrais des couleurs, des vraies, et puis des fleurs, oui ! Beaucoup de fleurs...

Jean Ier, les cinq jours

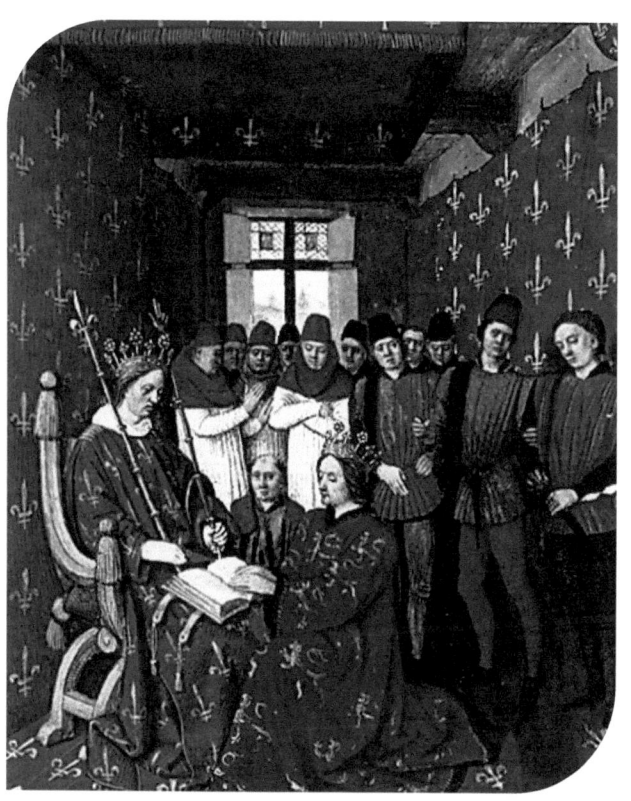

Philippe IV le Bel

Jean Ier, les cinq jours

Ma grand-mère, c'est Jeanne de Navarre. Navarre comme le pays dont ma maman est la reine. Mais elle est morte aussi, il y onze ans. J'en déduis aisément que mon papa est le frère de Philippe, mon tonton, et le fils de Philippe, mon papi. J'espère qu'ils ne portent pas tous le même prénom dans ma famille, car je vais vite m'y perdre : moi, c'est Jean. Au moins, c'est plus facile ! Mais mon papa, c'est comment au fait ?

Donc, après une journée de vie, me voilà sans grands-parents, avec un tonton, une marraine, une maman Clémence et Marie, tout court.

Mon papa, il doit avoir du travail s'il est roi, des choses importantes à régler qui ont fait qu'il n'a encore pas pu venir m'embrasser, mais ça ne saurait tarder. C'est dur comme métier, roi ? Ça paye bien au moins ?

J'ai froid. Par moment, je me convulse, mais ça n'est pas grave, je suis tout petit et pas encore habitué à la vie. Ça fait mal la vie, il paraît ! Mais Marie me rassure encore. Je la regarde avec douceur, pour la remercier de son bienfait. Et j'écoute les murmures qui se font de moins en moins discrets. On parle de moi, toujours, on dit qu'on doit me *présenter* ? À qui ? À Dieu ? Aux hommes ? Aux Hommes ? On ne perd pas mon temps ! J'ai même l'impression que mon chemin est déjà tout tracé ! Un chemin doré entre les étoiles qu'on me fait déjà briller. Ça va être beau, je le sens !

Mais non, ce n'est pas de prince dont on parle autour de moi, mais de roi ? Je ne comprends plus rien et je fatigue de nouveau d'autant que j'ai de plus en plus froid. Je tousse, et tout à coup, je vomis : je dois couver quelque chose !

Marie, réchauffe-moi, s'il te plaît, j'ai froid dans ce Louvre ! Un Louvre que mon ancêtre encore plus loin que papi, mais un Philippe aussi, Auguste celui-là, a fait construire : c'est une vraie forteresse avec un donjon de plus de trente mètres de hauteur dans une grande enceinte carrée de près de quatre-vingts mètres de côté et avec dix tours de défense. Moi, je ne suis que dans une chambre exiguë, avec une fenêtre trop petite pour qu'un rayon de soleil y pénètre. Pourtant, on pourrait y surveiller une partie de la Seine et guetter l'arrivée des ennemis du Royaume et de Paris. Le donjon accueille aussi des prisonniers — en suis-je un finalement ? — et le trésor de l'État. Quand je vous ai dit que c'était austère ici, ce n'était pas une blague !

Jean Ier, les cinq jours

Je ne vois rien et j'ai froid ! Ça m'énerve et je pleure pour manifester énergiquement mon mécontentement !

Marie, raconte-moi une jolie histoire, une histoire de France, une histoire de mon futur, qui me fasse sourire de nouveau...

Le troisième jour

Ce nouveau matin, j'ai moins froid, mais je suis inquiet : je n'ai toujours pas vu mon papa. Quelle guerre me prive de lui ? C'est sûrement un querelleur, un bagarreur ! Contre qui ? Contre la Flandre ? Non, c'est fini depuis belle lurette, mais il doit bien y en avoir d'autres à faire. Il va arriver, c'est obligatoire, un papa, ça ne loupe pas la naissance de son fils ! En tout cas, si on ne me parle pas de baptême, j'ai toutefois déjà deux parrains : mon tonton

Philippe de tout à l'heure et Gaucher V qui est le seigneur de Châtillon. Et j'ai aussi une marraine, Mahaut. D'ailleurs, elle s'approche de moi. C'est une sorte de reine, là d'où elle vient, l'Artois, ce n'est pas loin des Flandres. Elle aussi est comtesse par son mariage avec le comte Othon IV de Bourgogne. Othon, quel drôle de nom aussi ! Faut pas que je rie, ça pourrait vexer des gens ! C'est aussi la belle-mère de Charles, l'autre frère de Philipe, et donc de mon papa. Encore un tonton, ce Charles, et en plus, il est beau. Enfin, bel, comme on dit ici ! Il n'est pas là non plus, il doit être avec mon papa.

Ma marraine Mahaut se penche vers moi, mais je n'aime pas la façon qu'elle a de me regarder : on dirait qu'elle me reproche quelque chose, que j'ai fait, ou que je n'ai pas fait ! J'ai l'impression que je la dérange ? Mais ai-je à mon âge le pouvoir de déranger quiconque, surtout une grave femme comme elle ? En plus, elle vient de nouveau d'être grand-mère puisque tonton Philippe et sa femme, Jeanne II de Bourgogne, ont donné naissance à un petit Louis, un fils, après de nombreuses filles et un autre garçon mort très jeune. Louis, c'est un joli prénom ; j'aimerais bien que mon papa s'appelle Louis ! Paraît que c'est mieux d'être un garçon que d'être une fille dans ma famille, allez savoir pourquoi ? En attendant, elle me dévisage et m'oblige à pleurer pour alerter Marie. Elle doit être jalouse de mon papa ou alors, c'est que je suis plus beau que son petit fils Louis.

Ou les deux !

Elle recule : j'ai gagné ! Pourtant, Mahaut, ça vient de Mathilde, qui veut dire force et combat. De quoi affoler, vous ne pensez pas ? Je vais lancer un cri pour affirmer ma puissance !

On va donc me présenter dans deux jours, le 19 novembre, peut-être devant Jean XXII, le pape qui se déplacera d'Avignon rien que pour moi ! Ça doit être une coutume locale, quelque chose comme cela ! Normal, je suis prince, donc on va me montrer devant le grand et beau monde et surtout, devant mon papa !

Le quatrième jour

On me fait beau pour cette nouvelle journée ; on me prépare ; on m'habille d'une presque robe de fille, c'est bizarre, car je croyais être un garçon ! On me sort enfin de mon royal berceau et je regarde ce fichu monde d'un peu plus haut. J'aimerais bien voir dehors, mais les volets sont quasi clos. C'est beau le soleil, dites-moi ? Ça ressemble à quoi les nuages ? Ça ne se mange pas ? C'est sûr ? Et puis les champs, les vaches, les arbres, les oiseaux ! Ah oui, les oiseaux, j'aimerais voler, mais je ne sais pas si ça sera possible plus tard. Je ne sais pas tout, mais je ne demande qu'à apprendre. Et je ne connais qu'une seule personne pour m'aider à cela : mon papa.

Il me dira : Mon petit prince, viens m'écouter, je vais t'expliquer la vie, les sciences, les techniques, et peut-être, si tu es sage, je te montrerai comment voler !

Oui ! Je suis pressé de savoir, de faire, de connaître, et puis d'inventer moi-même des choses utiles et belles pour tout le monde, parce que j'ai l'impression que je vais avoir du pouvoir. Dites-moi si je me trompe, hein ?

Ma maman entre dans la pièce, je ne l'avais pas vue depuis hier soir. Elle dit qu'elle vient voir le roi avec un énorme sourire : le roi, c'est mon papa, non ? Mon papa est là, enfin !

Pourtant, elle s'approche seule vers moi, me prend dans ses bras magiques de maman et me dit :
– Bonjour mon petit roi, comme tu es déjà fort !

Mon roi ? J'ai rêvé ou elle m'a appelé *mon roi* ? Comment est-ce possible qu'il y ait deux rois dans un même pays ? C'est mon papa le roi, non ? Elle doit se tromper, j'aimerais le lui dire, mais je ne suis pas très doué pour la parlotte.

– Areuh ! tenté-je approximativement.

Évidemment, elle ne me comprend pas ! Elle m'embrasse cependant tout en continuant de m'expliquer toutes ces choses que je crois être d'évidentes erreurs :

– J'aurais aimé que ton père te voie. Mais notre Dieu en a décidé autrement. Aujourd'hui, il est comme réincarné en toi. Mon petit Jean, tu es le roi Jean Ier, roi de France et de Navarre, même s'il te faudra attendre encore quinze ans avant de l'être tout à fait.

Réincarné ? Comment ça, réincarné ? Ça veut dire qu'il est dans ma chair ? C'est quoi cette histoire ? Où est mon papa ? Si maman pouvait juste me répondre plus simplement ! Appelez-moi un responsable ! Je veux savoir !

– Ton père est mort il y a presque six mois, mais il savait que tu allais arriver pour lui succéder. Tu aurais pu mourir dans mon ventre, tu aurais pu mourir en couches, tu aurais pu être une fille. Non, te voilà ! Je suis

Jean Ier, les cinq jours

heureuse et tu n'as rien à craindre ! Tu es posthume et tu es vivant : tu es le roi !

Que puis-je faire à part pleurer ? Et donc, aussitôt, Marie accourt pour me sauver ! Savait-elle pour mon papa ? Elle me raconte doucement avec des mots de mon âge. Je vous résume ?

Mon papa, Louis était surnommé le Hutin car on le disait bagarreur, je m'en doutais ! Quand il était roi, son nom, c'était Louis X. Mais c'était plutôt mon grand-oncle, Charles de Valois, frère de mon illustre beau et feu papi Philippe IV, qui gouvernait la France. Mon papa, lui, n'avait qu'une envie : être amoureux pour avoir un fils. Avec sa première femme, Marguerite, ce ne fut pas facile surtout qu'elle le trompa avec l'un des frères d'Aunay — je ne sais pas trop ce que cela veut dire *tromper* mais je sens que ce n'est pas bien ! Il a eu pourtant une fille, ma sœur Jeanne, mais il n'avait plus confiance en sa femme et il était persuadé que Jeanne n'était pas de lui : pourtant, il n'y a pas de preuves !

Alors, mon papi-roi, très en colère, enferma à Château-Gaillard cette maman pour la punir. En plus, il pensa aussi que ses autres belles-filles firent plus ou moins de même avec l'autre frère d'Aunay. Aussi emprisonna-t-il Blanche de Bourgogne, la femme de mon tonton Charles et

Jean Ier, les cinq jours

Jeanne de Bourgogne, la femme de mon tonton Philippe, les deux femmes étant les filles de Mahaut.

On a appelé cela *l'affaire de la tour de Nesle*, là où se sont passés les faits !

Mon papa, il était triste d'être seul et il se chercha donc une autre femme : ce fut ma maman Clémence, qui habitait Naples. Mais, mon papa était toujours marié avec Marguerite et ce n'est pas bien vu d'avoir deux femmes en même temps : ce qui est étrange, c'est que Marguerite mourut, comme par hasard pour arranger les choses ! Pas très naturel tout ça, mais il n'y a pas le début de la preuve du contraire ! Bref, mon papa et ma maman se marièrent aussitôt, mais ils ne vécurent pas longtemps ensemble et ils n'eurent qu'un enfant : moi ! Et pendant le mariage, il fait libérer les deux sœurs.

Enfin !

En juin 1316, mon papa est pris de malaise après un effort physique et meurt au château de Vincennes, tout bêtement, sans prendre le temps de faire ma connaissance.

Jean Ier, les cinq jours

Pendant son règne d'un an et demi, pas grand-chose, mais il fut si court... Et le bel héritage de Philippe IV se dilapida rapidement par manque de puissance de mon papa. Mais il était jeune, je vous ai dit !

Pardonnez-moi, il faut que je respire un peu, car cette nouvelle m'a bouleversé. Pourvu qu'il n'arrive rien à ma maman, je n'ai plus qu'elle.

Et Marie !

Jean Ier, les cinq jours

Louis X le Hutin
(Basilique de Saint-Denis)

Jean Ier, les cinq jours

Deux des fils de Philippe le Bel et oncles de Jean Ier : Philippe V et Charles IV
autour de Jeanne d'Évreux
(Basilique de Saint-Denis)

Le cinquième jour

Je ne suis plus prince, je suis roi : roi de France et de Navarre. Que d'événements en si peu de jours ! Que peut-il m'arriver de mieux, de pire ?

Et j'ai appris plein de choses, car les gens parlent autour de moi en pensant que je ne comprends rien ! Ils sont naïfs, vraiment ! Par exemple, je sais que mon tonton Philippe est mon remplaçant en ce moment ; on appelle cela un régent : ça veut dire qu'il dirige la France en mon nom, mais sans avoir le droit de prendre de graves et importantes décisions. C'est tout nouveau comme poste ! Mais bon, je reste le chef ! Si j'avais été une fille, je ne serais pas devenu reine de France, car mon tonton a retrouvé une vieille loi du temps des francs saliens qui dit que seuls les garçons peuvent être rois, et pas les filles. Je comprends mieux pourquoi maman était contente.

Tout à coup, j'ai comme un frisson de lucidité qui me parcourt : si je n'avais pas été un garçon, c'est mon tonton Philippe, frère de mon papa qui serait devenu roi. En clair, si je meurs, c'est lui qui devient le roi de mon pays à moi !

J'espère qu'il m'aime bien mon tonton !

Et pourquoi ma marraine me regarde-t-elle toujours comme ça ? Quel intérêt aurait-elle à ce que je n'existe pas ? À ce que sa fille Jeanne — ma tata par alliance, pas ma sœur, hein, faut suivre ! — devienne reine de France, pardi ! Et cela lui ouvrirait des perspectives de carrières non négligeables !

Et j'ai toujours des frissons : je n'ai plus envie qu'elle m'approche.

Marie ?

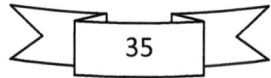

Jean Ier, les cinq jours

Mais Marie s'occupe sans doute de son petit Giannino, lui offrant le trop-plein de lait que je n'ai pas avalé. Chacun son tour, c'est normal !

On m'habille de nouveau, avec des couleurs que je ne connaissais pas : celles du ciel quand il est bleu, pas quand il est gris. On m'emmitoufle tellement que je ne vois plus rien : on va sans doute me faire quitter ce Louvre de ma naissance pour le palais royal de la Cité, juste en face, pour me présenter aux barons et aux pairs de mon royaume, à moins que finalement, ce ne soit eux qui viennent à moi, je ne le sais pas encore. On ne me dit pas tout, c'est pénible !

J'espère que ce palais d'où s'exerce le pouvoir de mes ancêtres — et le mien bientôt ! — est plus gai, plus coloré, plus vivant que le Louvre, même s'il y a aussi plein de grands et hauts murs, et des tours de défense ! Mais de quoi a-t-on peur décidément ? Mon arrière arrière grand papi, Saint Louis qui y habita, fit construire en son enceinte la sainte Chapelle pour y mettre des reliques du fils de Dieu, mais ce palais royal existe depuis bien plus longtemps que lui : il date du IVe siècle, vous vous rendez compte ! Que c'est loin ! Moi aujourd'hui, je préférerais habiter un palais avec un joli jardin, avec des arbres déjà centenaires plutôt que cette conciergerie et ses tours.

Jean Ier, les cinq jours

Le palais de la Cité
(*Les Très Riches Heures* du duc de Berry)

Jean Ier, les cinq jours

Mon papa et mon papi et beaucoup d'autres de ma famille habitaient le château de Vincennes. Ce n'est pas très loin ; c'est à l'est de Paris, à la campagne, à moins de dix kilomètres d'ici : encore des enceintes, des tours, des fossés... Tiens, Saint Louis y construisit aussi une Sainte Chapelle ! Quelle manie ! En tout cas, on peut y dormir tranquille. Et puis, il y a tout autour une très grande forêt, comme j'aime ou plutôt, comme j'aimerai ! Je suis sûr que la France est un beau pays, qu'il y fait bon vivre, qu'on y mange bien, et qu'on y vit en paix !

En paix !

Je sors de mon couffin grâce aux bras de Marie. Elle me sourit à son tour en tentant de me faire comprendre ce que je ne comprends de toute façon pas ! Elle me chuchote qu'il ne me faut pas avoir peur.

Peur ?

Que peut-il se passer aujourd'hui ? Rien ! Tout le monde me surveille et se surveille ! Et puis, s'il m'arrivait quelque chose, tout le monde penserait immédiatement que ma marraine y est pour quelque chose et elle serait arrêtée sur-le-champ !

Jean Ier, les cinq jours

Ou alors, on penserait que mon tonton Philippe a aussi manigancé un truc : ça ferait un joli scandale dans la famille, déjà que pour mon papa, il y a de gros doutes quant à sa mort...

Non, je ne crains rien ! Tout le monde m'aime. Un enfant, c'est l'avenir ; c'est naïf, c'est innocent ; c'est sincère ; ça ne sait pas ce qu'est le mal ! Si l'on m'a voulu, c'est pour me garder, me faire vivre, et donc je sais que je vais être protégé, par ces deux femmes, par cet homme qui surveille ma maman, par tous les gardes de ces forteresses imprenables, et protégé par Dieu qui a tant de choses à me raconter pour que je devienne le roi qu'il a choisi pour la France.

Alors, je gazouille — je ne sais faire que ça — et je m'abandonne dans la confiance la plus absolue à tous ceux qui m'entourent et m'accompagnent pour ma « présentation », cette cérémonie protocolaire : je vais leur prouver qui je suis, et qui je ne suis pas, et que je saurai être un roi pas pour de la faux !

N'empêche que j'aurais bien aimé qu'il y ait mon papa près de moi.

Jean Ier, les cinq jours

Enfin ! La bonne nouvelle de la journée est que je vais enfin voir le soleil et le ciel, et ça, ça me rend heureux !

Pour tout le reste de ma vie...

Épilogue

Jean Ier, de retour dans sa chambre du château du Louvre après qu'il a été présenté, meurt subitement sans avoir la conscience de ce qu'il lui est arrivé et de qu'il aurait dû ou pu être : il a cinq jours de vie et sa mort pour éternité. Pendant sa présentation, tout le monde l'a regardé, tout le monde l'a touché, même Dieu.

Jean Ier, les cinq jours

Il est fréquent que les enfants succombent très vite, parfois trop vite, sous la rudesse de la vie, ou des hommes, à cette époque.

Banales convulsions ou lâche assassinat ?

Il ne faut pas oublier qu'un roi est de droit divin : l'assassiner à cette époque serait un des pires crimes, celui de défier Dieu. Néanmoins, certains hommes — femmes — se croient au-dessus de leur créateur et agissent en son nom, pour ne pas dire en le leur...

À chacun de croire en son intime conviction !

Jean Ier est inhumé avec son père à Saint-Denis et à côté de sa sœur Jeanne, mélangé dans la crypte de la basilique aux autres rois et reines de France depuis la profanation des tombes par les révolutionnaires le 18 octobre 1793. S'il est un roi qui n'était responsable de rien, c'est bien Jean Ier : il n'a pas eu le temps !

Il est le seul roi de l'histoire de France à avoir régné autant de temps qu'il a vécu et un des

Jean Ier, les cinq jours

règnes les plus courts[1]. À sa mort, son tonton Philippe devient roi sous le nom de Philippe V le Long et ce, jusqu'en 1322. Son seul fils, Louis le dauphin, mourra avant lui en 1317. Alors, le dernier enfant mâle de Philippe IV le Bel, Charles, deviendra roi sous le nom de Charles IV le Bel.

Puis plus rien... Finis les Capétiens directs.

Clémence de Hongrie quittera la cour pour Avignon, puis pour le couvent des dominicains d'Aix-en-Provence en 1318 avant de mourir quelques années plus tard, à Paris, en 1328, à l'âge de trente-cinq ans. Elle sera inhumée au couvent des Jacobins, de la rue Saint-Jacques à Paris.

Quant à Mahaut d'Artois, elle aura le bonheur tant prié de voir sa fille Jeanne devenir reine de France, comme prévu et même un peu plus tôt, d'ailleurs !

---

[1] Louis XIX, adulte, ne régnera que vingt minutes en 1830, abdiquant pour Henri V, enfant, qui lui-même en fera autant cinq jours plus tard pour Louis-Philippe Ier : la monarchie étant de fait, ils doivent être considérés comme rois sans être néanmoins proclamés, tout comme Jean Ier.

Jean Ier, les cinq jours

En ce qui concerne la suite de cette petite Histoire — car il y en a une —, il a été dit que les enfants de Clémence et Marie auraient été échangés au dernier moment, juste avant la présentation, Hugues de Bouville redoutant un coup fourré d'untel ou d'unetelle. Quarante années plus tard, Giannino Baglioni, le fils de Marie, prétendra — fait avéré — être Jean Ier et donc l'héritier naturel du royaume de France. À part Louis le Grand de Hongrie, qui serait donc son cousin et qui trouva là un fort grand intérêt pour contrer le roi de France de l'époque Jean II, personne ne le crut. D'ailleurs, si cela avait été le cas, pourquoi après la mort de Jean Ier, la vérité n'a-t-elle pas été mise au jour par Hugues de Bouville ? Pourquoi ne pas avoir révélé cet échange immédiatement ? Juste pour sauver le jeune Jean, au détriment de Giannino qui aurait donné sa vie ? Et Marie, et Guccio, et Clémence : qu'en pensent-ils ? Pourquoi leur silence ?

Parce que sans doute, il n'y avait rien à dire !

Et aujourd'hui ? Qui se préoccupe de ce petit Jean de rien du tout, passé du tout au rien ? Un peu Maurice Druon dans *Les rois maudits*, et puis c'est tout, et puis c'est rien...

Jean Ier ne fut qu'un enfant avec un destin peu banal qui s'est finalement exprimé dans sa durée incroyablement courte. Il n'a pas eu le droit à la parole ; juste il a pu faire un ou deux sourires à des Hommes qui ne lui voulaient pas que du bien : les évidences parlent d'elles-mêmes, mais ne sont pas des certitudes, loin de là. Combien d'entre nous ont désiré *faire* sans jamais *agir* ?

Et c'est la fin. Déjà ?

Si jamais vous passez devant son gisant, du côté de Saint-Denis, peut-être l'entendrez-vous vous dire :

– J'aurais tant aimé connaître mon père...

Jean Ier

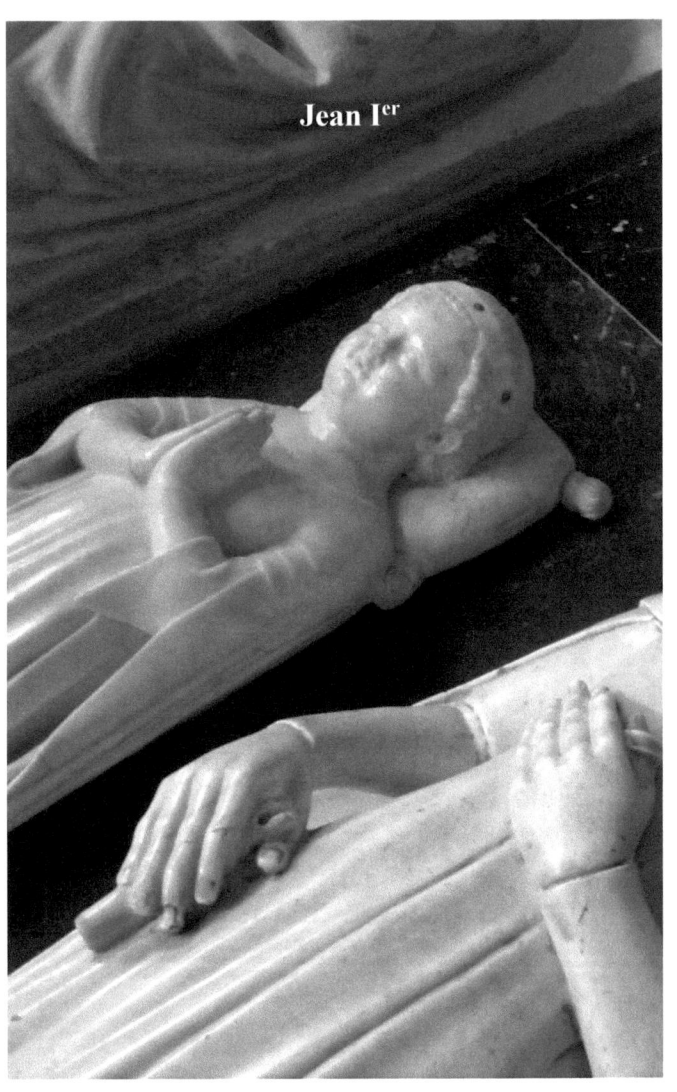

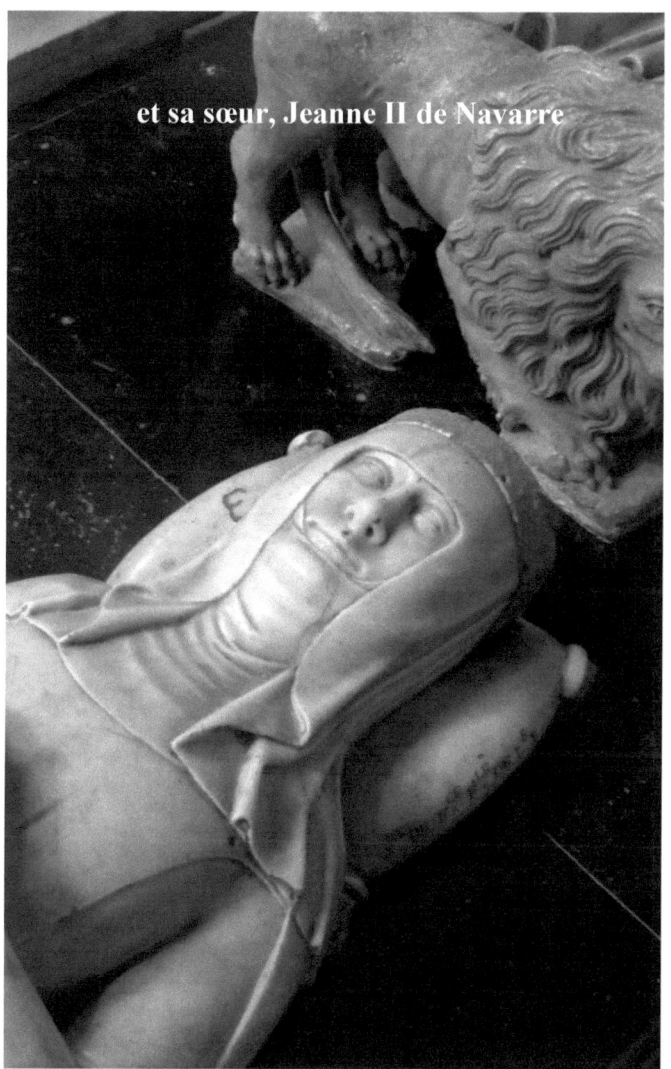

et sa sœur, Jeanne II de Navarre

Jean Ier, les cinq jours

Jean Ier, Roy de France
de Jean Dassier

Jean Ier, les cinq jours

Après Charles IV,
ce sera au tour des Capétiens-Valois de régner.

Thierry Brayer est né en 1962. Il s'est découvert ces dernières années au moins deux passions : une forte pour l'écriture et une autre tout aussi prenante pour l'Histoire de France. C'est ainsi, après avoir entendu historiens et conteurs, qu'il s'est lancé dans cette autobiographie impossible de Jean Ier, jeune roi, qui se raconte alors qu'il n'a pas encore la parole.

Ce premier livre est le début d'une série proposant des histoires « impossibles » !

Thierry Brayer voue son existence à la langue française en étant formateur, coach en écriture, conférencier et animateur d'ateliers d'écriture. Il a déjà écrit six ouvrages.

En savoir plus ? **www.thierrybrayer.fr**

© Thierry Brayer
Éditeur : BoD – Books on Demand

12/14 rond-point des Champs Élysées,
75008 Paris
Impression : BoD – Book on Demand, Allemagne

ISBN : 9782322017645
Dépôt légal : Mai 2015